GAGNEZ DE L'ARGENT AVEC VOTRE COMPTE INSTAGRAM POUR 2019

OBTENEZ DES MILLIERS DE VRAIS FOLLOWERS
RAPIDEMENT, GAGNEZ DE L'ARGENT AVEC CHAQUE
PHOTO QUE VOUS TÉLÉCHARGEZ AVEC VOTRE
COMPTE PERSONNEL

Gaston Echevarria

Première édition

Table des matières

Introduction La réalité du marché

Chaque mois, plus d'un milliard de personnes se connectent à Instagram, interagissent avec le contenu et le publient sur la plate-forme.

Loin d'être l'une des plateformes de médias sociaux les plus visitées et les plus utilisées, encore plus que Facebook, Instagram est devenue la plateforme " principale " pour les propriétaires d'entreprises, les annonceurs et les spécialistes du marketing sérieux qui cherchent à développer leur activité en ligne.

Et même si Instagram est 100% gratuit pour commencer - et vous pouvez avoir un nouveau compte Instagram en moins de cinq minutes.

La vérité est que la grande majorité des propriétaires d'entreprises, des annonceurs et des vendeurs n'utilisent pas Instagram de la bonne façon pour bâtir leur entreprise ou créer le genre d'avenir financier dont ils ont toujours rêvé.

Honnêtement, la majeure partie du marché de l'Instagram n'est rien de plus qu'un "marketing traditionnel" appliqué au monde numérique - et cela ne va plus couper la moutarde.

Non, si vous voulez que votre programme de marketing de l'Instagram quitte le parc et qu'il devienne vraiment un puissant canal de marketing, vous devez savoir exactement ce que vous faites.

De plus, parce que vous faites face à une concurrence établie et féroce, vous devez aussi profiter du plus grand nombre possible de listes de contrôle raccourcis pour atteindre le sommet le plus rapidement possible.

Voici quelques trucs et astuces essentiels de cette liste de vérification rapide qui vous aideront à faire exactement cela.

Plongeons droit dans le vif du sujet !

Quelle stratégie dois-je suivre ?

La plupart des gens dirigent leur marketing directement hors des rails au début, sans même réaliser que tout leur marketing Instagram et a été construit sur une base de sable et non de béton.

La plupart des gens lancent simplement différentes approches marketing au mur de l'Instagram et s'attendent à ce que quelque chose colle, plutôt que d'adopter une approche vraiment systématique et ciblée pour créer un marketing qui a vraiment une chance de fonctionner.

> ➢ **Mais tu ne le feras pas !**

Non, puisque vous lisez cette liste de

vérification rapide et que vous suivez tous les conseils et astuces que nous pourrions partager, vous aurez un avantage presque injuste sur la concurrence pour créer un marketing vraiment efficace qui fonctionne vraiment.

Vous pourrez commencer à partir du début (là où vous avez besoin de créer cette base solide) et construire à partir de là.

> ### *Identifiez votre client potentiel parfait*

La première chose à faire (avant même de créer un nouveau compte Instagram) est de créer une image claire et cristalline de qui est votre client potentiel parfait.

Vous devez savoir ce qu'ils sont le plus

intéressés à obtenir de vous, ce qu'ils sont le plus intéressés à voir et à interagir avec Instagram, et les " boutons chauds " qui les obligent à passer du statut d'adeptes d'Instagram à celui de clients payants aussi rapidement que possible.

Une fois que vous aurez cette image claire et limpide de qui est ce client parfait, vous voudrez créer chacune des pièces de contenu Instagram que vous créez (ainsi que toute autre pièce marketing que vous fabriquez) pour eux et juste pour eux.

Beaucoup de gens font l'erreur d'essayer d'être tout pour tout le monde avec leur marketing Instagram, de perdre toute la marque et d'obtenir zéro suiveur au lieu de se concentrer sur leur niche spécifique tout en ignorant l'écrasante majorité des gens qui ne seraient pas devenus clients.

➢ **Prenez les bonnes idées de vos concurrents**

Après avoir fermement établi l'image de votre prospect parfait, il est temps d'aller voir les 15 ou 20 meilleurs comptes Instagram de votre industrie, en essayant vraiment d'avoir une idée de ce qu'ils font si efficacement dans votre marché.

Il n'y a absolument aucune raison d'essayer de réinventer la roue lorsqu'il s'agit de marketing en ligne, surtout quand vos concurrents (vos concurrents prospères, en tout cas) vous ont non seulement ouvert la voie à suivre, mais vous ont également laissé des indices très faciles à comprendre et à copier pour vous.

Certaines personnes ont un peu peur de "voler" des idées à des contenus concurrents, mais vous voudrez surmonter cela le plus vite possible.

Nous ne suggérons pas que vous enleviez des morceaux de contenu physique et que vous les distribuiez comme s'ils étaient les vôtres, mais si vous êtes dans un créneau de l'équipement extérieur où vos meilleurs concurrents affichent des images de la vie au camp à l'aube et au crépuscule, vous avez intérêt à croire que vous faites exactement la même chose ou que vous allez perdre votre marque avec vos perspectives idéales et perdre du terrain face à ces concurrents sans aucune raison.

Cela vous aidera à accélérer considérablement votre marketing de contenu Instagram, mais aussi à vous hisser au plus haut niveau des comptes Instagram de votre secteur en publiant le même contenu que les "gros chiens".

➢ *Créer un calendrier de marketing de contenu*

Le calendrier de marketing de contenu est le différenciateur numéro un entre les vendeurs d'heures amateurs d'Instagram et les médias sociaux sérieux et experts.

Vous voudrez certainement vous retrouver dans le dernier groupe.

De grandes entreprises du monde entier ont investi énormément de temps, d'énergie et d'efforts pour tenter de rationaliser et de systématiser autant que possible le processus d'acquisition de clients.

Et bien que ces grandes multinationales aient des budgets beaucoup plus importants que tout ce que nous pouvons rassembler, la seule arme que nous pouvons copier et utiliser efficacement est le calendrier du contenu.

Lancer votre campagne de marketing six mois (ou mieux encore, un an) à l'avance avec un plan pour chacun des contenus que vous allez publier à une date très précise et dans le cadre d'une campagne de marketing très spécifique vous donne un avantage presque injuste sur le reste de votre concurrence.

En comprenant que vous devrez créer du contenu pour un lancement trois fois par semaine, vous pourrez non seulement créer ces messages à l'avance et les préparer pour les heures de grande écoute, mais vous pourrez également trouver le bon contenu à publier à un moment donné pour vous intégrer à toutes les autres approches marketing que vous utilisez.

Avec un calendrier de marketing de contenu, vous pouvez travailler sur une campagne de Saint-Valentin, par exemple, à la mi-juin, avec un contenu à publier sur Instagram qui va de pair avec la campagne de Saint-Valentin que vous avez menée de fin janvier à mi-février de l'année prochaine.

De plus, vous pouvez commencer à automatiser votre marketing Instagram lorsque vous adoptez ce type d'approche.

Parce que vous avez tout votre contenu créé et prêt à l'emploi, vous pouvez ensuite créer des programmes de script ou sous-traiter le travail de publication à quelqu'un d'autre, ce qui vous permet de vous concentrer sur d'autres activités commerciales à haut rendement sans avoir à vous soucier de la façon dont vous allez préparer une approche publicitaire ce jour-là.

C'est un jeu qui change les choses, et vous devez être sûr à 100% que vous le faites.

Tout ce qui est en votre pouvoir pour systématiser, automatiser et déléguer la majeure partie de votre travail.

Tu dois grandir le plus vite possible.

Croissance, croissance, croissance - Grandir aussi vite et aussi vite que possible

L'étape suivante, après la mise en place des bases et la commercialisation d'Instagram, se concentre entièrement sur la croissance de son suivi le plus rapidement possible.

Instagram fait beaucoup pour vous, vous aidant à recommander votre compte Instagram à d'autres automatiquement et même à promouvoir activement votre compte par le biais d'affichages Instagram Day, hashtags, etc., mais vous voulez vraiment prendre possession de votre marketing Instagram dès le début pour faire grandir votre compte aussi vite que possible.

Après tout, le plus grand contenu du monde, parfaitement adapté à vos clients idéaux, ne vaudra RIEN si vous ne recevez pas les yeux et la participation active des personnes qui ont choisi de suivre votre compte Instagram.

Sans trackers, tous vos efforts sont complètement gaspillés - vous devez donc construire cette piste à partir du sol à la vitesse de l'éclair.

Voici quelques conseils rapides pour vous aider à faire exactement cela !

➢ **Influenceurs d'Instagram**

Les influenceurs d'Instagram - les comptes les plus fréquemment suivis, engagés et actifs sur votre marché ou dans votre secteur d'activité - ont la capacité d'obtenir tout compte avec lequel ils interagissent régulièrement, de même que tout compte qui interagit régulièrement avec eux.

Vous devez faire tout ce qui est en votre pouvoir pour attirer l'attention de ces influenceurs d'Instagram dans votre industrie ou votre marché afin qu'ils commencent à promouvoir activement le contenu que vous fournissez (et nous vous montrerons une façon de le faire en une seconde) OU vous devez essayer de "voler leur tonnerre" autant que possible en les mentionnant dans votre propre contenu afin que vos followers commencent à vous prêter attention aussi.

Le marketing d'Instagram est en train de devenir une sorte de course aux armements, les grands comptes affichant de nouveaux emplois par heure au lieu d'une mise à jour quotidienne ou même hebdomadaire.

Les grands comptes - nous parlons de comptes avec des centaines de milliers, voire des millions d'adeptes - ont besoin de beaucoup d'activité pour suivre leurs adeptes affamés, et cela signifie qu'ils ont besoin d'une énorme quantité de contenu original qu'ils ont la possibilité de partager.

C'est là que vous, en tant que "plus petit opérateur", entrez en jeu.

Parce que vous n'avez pas (encore) à

nourrir le même genre de bête, vous pouvez vous permettre non seulement de créer du contenu pour votre propre compte Instagram, mais aussi du contenu pour les principaux influenceurs du compte Instagram.

En créant du contenu que vous donnez à ces personnes influentes pour le partager avec leurs partisans 100% libres (mais avec des attributions et des tags qui retournent sur votre compte), vous pouvez leur faire une faveur tout en servant leurs propres besoins.

Ce type de compte est très heureux de conclure ce type d'entente.

Ils reçoivent beaucoup de contenu gratuit et de haute qualité qu'ils n'ont pas besoin de travailler dur pour créer, garder leurs fans heureux et s'associer avec des nouveaux venus de la même industrie.

Vous bénéficierez également de l'exposition supplémentaire que vous obtenez grâce à ces comptes d'influence Instagram - et avant que vous ne vous en rendiez compte, vous aurez des flots d'adeptes qui plongeront tête baissée dans votre compte, faisant de vous aussi un influenceur !

Les concours dans instagram

Une autre excellente façon de faire croître votre compte rapidement est d'organiser régulièrement des concours où vous offrez des articles ou des services de haute qualité dans votre compte Instagram en échange d'un plus grand nombre d'adeptes.

Il s'agit d'une tactique et d'une technique de marketing éprouvée, vraie et étonnamment efficace, utilisée bien avant qu'Instagram n'ait été conçu.

Tout ce que vous avez à faire est de remplir votre part du marché - en fait, donnez n'importe quel produit ou service que vous avez promis - et ils vous coûtent un peu d'avance, mais quand vous monétisez activement votre compte Instagram, vous réaliserez que le retour sur investissement en vaut bien la peine.

Plus l'article est grand, plus le service est excitant et plus le cadeau a de la valeur, plus vous obtiendrez de l'action et plus vous accumulerez d'adeptes.

Si vous êtes dans le créneau du golf, par exemple, donner une manche de balles ne fera que déplacer l'aiguille. Cependant, donner un voyage à Pebble Beach vous fera nager dans plus d'adeptes que vous ne savez quoi faire avec eux.

Bien sûr, ce voyage à Pebble Beach va coûter beaucoup plus cher qu'une simple manche de balles, mais comme je l'ai déjà mentionné, le retour sur investissement en vaudra la peine.

Au lieu de ramasser une poignée d'adeptes pour 12 $, vous pourriez ramasser 10 000 nouveaux adeptes ou plus pour 2 000 $. L'engagement doit être évident.

➤ *Créer plusieurs canaux de monétisation avec Instagram*

En fin de compte, les nouveaux adeptes ne sont pas de l'argent comptant en banque à moins que vous ne commenciez vraiment à monétiser vos adeptes et votre compte Instagram.

La façon la plus simple de monétiser votre compte Instagram est d'utiliser simplement votre compte Instagram et le contenu d'Instagram comme un niveau d'entrée à votre entonnoir de marketing.

Vous serez en mesure de pousser les visiteurs et les suiveurs de plus en plus profondément dans vos documents marketing, transformant au moins certains d'entre eux en clients payants - et cela a un retour sur investissement assez raisonnable.

Bien sûr, il existe d'autres façons de monétiser votre compte Instagram - et même si vous décidez de vendre vos propres produits et services, vous voudrez suivre certaines de ces avenues pour maximiser votre influence sur les médias sociaux et créer plusieurs sources de revenus.

Dans un premier temps, vous pouvez rechercher d'autres entreprises de votre secteur - concurrentes ou offrant des services complémentaires - et leur proposer de leur fournir du "contenu sponsorisé".

Fondamentalement, vous devenez un affilié de votre entreprise et toutes les ventes que vous faites par le biais de votre compte Instagram vous paieront une commission.

C'est le nombre de "modèles Instagram" qui gagnent de l'argent en ligne, en publiant des photos d'eux-mêmes et du matériel de formation ou en utilisant des suppléments de formation fournis par d'autres entreprises et en obtenant une part des ventes d'affiliation qu'ils réalisent.

Ces gens font un revenu régulier à partir de ce type de marketing d'affiliation de leur propre chef, il est donc certainement utile d'enquêter.

Il existe de nombreuses façons de monétiser l'Instagram, et j'espère que cette liste de contrôle rapide vous a permis d'en savoir un peu plus sur le sujet pour aller de l'avant.

Adaptation

Désormais, je vous expliquerai directement les sujets dont vous avez besoin pour maximiser votre compte Instagram. Commençons tout de suite !

Si vous êtes intéressé à maximiser les profits et le chiffre d'affaires, la personnalisation de votre produit est un excellent moyen de le faire. Il y a plusieurs raisons pour lesquelles cela est vital pour votre entreprise. Voici cinq raisons pour lesquelles vous devriez le faire ;

1. L'attention au détail est payante

-

Ici, l'accent est mis sur les moyens qui

permettront à votre produit de se démarquer de la foule. Non seulement ils se distinguent par un logo et une marque élégants, mais ils montrent aussi que vous prenez soin de votre produit. Cela vous poussera à concevoir tout ce qui concerne votre produit jusqu'au moindre détail que les clients pourront voir et leur donner envie d'acheter.

2. *Comprendre vos clients et leurs tendances*

Lorsque vous commencez à adapter votre produit, cela signifie que vous comprenez les besoins et les désirs de vos clients. Si vous effectuez des recherches sur ce que vos clients veulent et que vous l'adaptez à votre gamme de produits, votre message devient alors très puissant. Produire des produits selon les besoins et les préférences des clients vous fera non seulement économiser de l'argent, mais aidera aussi vos clients à réaliser à quel point ils se soucient de vous et à quel point vous êtes socialement responsable.

3. *La personnalisation permet à un produit de se démarquer*

Adapter vos produits présente de nombreux avantages et vous aide à vous distinguer et à vous différencier de la concurrence. Si vos produits semblent avoir pris un certain temps pour être planifiés avant d'arriver sur le marché, alors il est probable que ce que vous offrez maintiendra une forte présence sur le marché en maintenant votre entreprise pour les années à venir.

4. *Prévention de la contrefaçon*

Pour vendre efficacement votre produit,

laissez les clients le sentir et en arriver à une conclusion pour eux-mêmes plutôt que de l'exposer à eux. Au lieu de réciter une longue liste d'avantages et de caractéristiques, la personnalisation montre votre service ou produit en action, rendant votre produit intéressant pour un second regard.

Des services d'emballage complets

En adaptant vos produits, vous avez également l'avantage d'obtenir de nombreuses offres d'autres fournisseurs de services connexes. Par exemple, vous pouvez signer un inventaire géré en obtenant votre facture en souffrance, ou un inventaire géré pour vous permettre d'avoir un inventaire supplémentaire qui peut être consulté au besoin et à tout moment. Ce service vous permet non seulement de libérer de l'espace et d'économiser de l'argent, mais vous donne également la possibilité de vous concentrer sur d'autres choses.

En outre, ces services offrent également des contrôles gratuits de l'emballage pour s'assurer que votre emballage répond à vos exigences, ce qui vous aide à réduire vos coûts. Ils aident également à contrôler les stocks et à améliorer l'efficacité, ce qui permet à chacun d'aller de l'avant avec son entreprise.

En général, si vous n'avez pas pensé à personnaliser votre produit, il est temps d'y penser.

Vous avez un blog ou un site web ?

Cette section est un peu plus avancée.... Et c'est pour les gens qui ont déjà un blog ou un site web, mais si vous n'avez toujours rien de ce qui précède, cela peut vous servir beaucoup plus tard.

(ne vous inquiétez pas si vous ne comprenez pas beaucoup cette section, bref, le but de ceci, est d'amener vos adeptes d'instagram, votre blog ou site web, pour acheter vos produits ou louer vos services)

Votre site et votre blog sont quelque chose dont vous devriez être fier. Il est fort probable que vous ayez investi votre argent et votre temps pour en faire un excellent outil pour servir vos clients et aussi pour générer des clients potentiels. Cependant, l'inclusion de liens externes vers votre site est-elle la meilleure idée ? Les liens peuvent éloigner les gens de votre site ou les distraire de la lecture de votre contenu.

Ne vous inquiétez pas, les liens sont une pratique courante attendue et respectée par tous les types d'utilisateurs, il est donc peu probable qu'elle endommage votre site. Voici quatre avantages que vous pouvez obtenir en incluant des liens externes vers vos sites ou blogs ;

1. Rend votre blog ou votre site Web une ressource plus précieuse et plus évolutive

-

Quelle que soit la taille de votre site, il ne peut jamais contenir toutes les informations pertinentes ou la valeur qu'un utilisateur peut rechercher. Par conséquent, il est tout à fait logique d'utiliser la puissance des liens externes pour créer un chemin évolutif et facile pour rendre votre expérience de site Web meilleure et plus enrichissante. Cela ne récompense pas seulement les marques auxquelles vous avez établi un lien, mais donne également à votre site l'opportunité de devenir une ressource de référence.

2.   *Les moteurs de recherche sont enclins à récompenser les comportements algorithmiquement*
-

Les moteurs de recherche passent du temps à analyser le spam. Ce faisant, ils recherchent des liens avec des signaux de qualité plutôt que du spam. Bien qu'il soit certainement utile de considérer les liens que vous avez utilisés, les liens que vous envoyez peuvent être utiles et utilisables de la même manière. Les sites dont la qualité du signal est faible sont généralement liés aux ordures, ce qui est beaucoup plus important que les sites dont la qualité du signal est élevée. Ces réseaux de confiance et de valeur peuvent être utilisés de manière algorithmique par les moteurs de recherche pour créer de meilleurs résultats de recherche. Profitez de cet avantage et créez un lien vers des ressources que vos utilisateurs, ainsi que les moteurs, adoreront.

4. les *liens externes encouragent la contribution et la participation positives*

Il y a beaucoup de gens sur le Web qui sont intelligents, talentueux et très dévoués qui peuvent contribuer et faire de leurs efforts un succès. Lorsque vous incluez des liens externes vers votre site, en particulier d'une manière cohérente et orientée vers les opportunités, vous créez des incitations pour les constructeurs de sites Web, les participants aux forums et les autres utilisateurs à s'engager sur votre site. Les incitations apportent une valeur qui va essentiellement construire votre site.

Il y a beaucoup de bonnes raisons pour lesquelles l'inclusion de liens externes convient à votre site. Pour maximiser votre site, considérez ceci comme un conseil.

Stratégies simples mais puissantes pour augmenter le nombre de vos adeptes

Avoir un grand suivi Instagram peut être très lucratif pour le marketing et la conduite du trafic gratuit vers votre site. Mais il y a plus qu'un simple ensemble de chiffres. Le simple fait d'avoir beaucoup d'adeptes ne signifie pas nécessairement quelque chose. La clé est d'avoir des adeptes actifs - des gens qui non seulement vous suivent, mais qui aiment et commentent vos messages. Ce sont les personnes à qui vous voulez vous adresser lorsque vous augmentez votre auditoire.

Nous avons tous entendu parler de gens qui achètent des adeptes d'Instagram, et bien qu'ils aient un nombre impressionnant de dizaines et de centaines de milliers, ces adeptes ne signifient rien. Ils sont de nature purement esthétique. Ce n'est pas ce que nous essayons de faire. Nous voulons interagir avec notre public.

➤ *Soyez cohérent*

Il y a des choses simples que nous pouvons mettre en œuvre pour aider nos adeptes à grandir organiquement. La première est de publier de façon cohérente. Cela signifie que vous voulez publier une fois par jour (ou tous les deux jours, ou deux fois par jour, trouvez ce qui convient le mieux à vos besoins) et essayez de le garder plus ou moins à la même heure chaque jour. Mais ce n'est pas tout, cela signifie aussi qu'il faut s'en tenir à un sujet particulier. Bien sûr, vous pouvez absolument poster une belle photo de paysage un jour, et une photo d'un jeu vidéo à l'autre, mais la chose la plus bénéfique est de garder un thème pour tous vos messages.

➢ *Interagir avec vos adeptes*

Vous avez réduit la consistance, et c'est très bien, mais cela ne s'arrête pas là. Vous devriez également interagir avec la communauté Instagram. Lorsque quelqu'un commente votre message, prenez le temps de reconnaître ce commentaire, comme si vous l'aimiez, et d'y répondre. Vous remarquerez une plus grande interaction avec le temps si vous prenez l'initiative de parler à vos disciples.

Leur interaction ne s'arrête pas à leur poste. Vous devriez également passer du temps chaque jour à parcourir les hashtags qui sont pertinents à l'information que vous partagez sur

Instagram. Lorsque vous vous déplacez sur le site, il est important que vous continuiez à apprécier et à commenter les publications, quelle est la meilleure façon d'attirer les gens sur votre site ? Montrez une réelle appréciation pour votre site !

> ***Gagner rapidement des adeptes en suivant et en ne respectant pas les règles suivantes***

Si vous cherchez à accumuler rapidement un grand nombre d'adeptes, il existe une stratégie assez simple et directe que vous pouvez suivre qui a fait ses preuves à maintes reprises. Pour cela, vous devez trouver des pages qui ont un grand nombre d'adeptes et dont le contenu est similaire au vôtre. Ensuite, en plus de suivre les règles de base de la publication cohérente dans votre sujet, et de maintenir une interaction constante avec vos adeptes et la communauté en général, vous irez sur la page de votre choix et suivrez ses adeptes. Généralement, vous voulez continuer entre 25 et 35 en une seule session. Alors vous devriez leur donner le temps de vous suivre. Si vous voulez augmenter vos chances d'obtenir un suiveur en retour, vous pouvez l'aimer et commenter certaines de leurs entrées lorsque vous les suivez. Après leur avoir donné le temps de vous suivre, vous déplierez toute cette page que vous avez déjà suivie. Ensuite, il suffit de rincer et de répéter, et vous constaterez que le nombre d'adeptes augmente rapidement avec de vrais adeptes de qualité.

La croissance de votre suivi Instagram peut être très importante à des fins commerciales. Si vous suivez les règles de base, publiez un contenu de haute qualité et êtes prêt à investir du temps et du travail, vous pouvez facilement constater une augmentation des adeptes presque immédiatement.

Attraction dans Instagram

Les statistiques indiquent qu'Instagram est l'un des sites de médias sociaux les plus populaires au monde, avec au moins 300 millions d'utilisateurs actifs par jour. Ils contribuent à plus de 40 milliards d'images partagées sur la plateforme à ce jour. Ces chiffres ont fait d'Instagram le site de référence pour les entrepreneurs qui cherchent à faire croître leur entreprise.

Cependant, de nombreuses personnes ont mal utilisé Instagram, ce qui ralentit la traction. Certaines des personnalités d'Instagram savent que le secret pour gagner la traction est d'organiser des concours et des tirages au sort pour gagner l'attraction.

➢ *Concours*
-

Les concours sont l'un des moyens éprouvés d'obtenir l'attraction, qui vous donne l'occasion d'être ouvertement créatif avec votre contenu que possible. Il existe différents types de concours que vous pouvez organiser, tels que

Commenter les quizz : - Si l'objectif principal est de générer de la rétroaction sur vos produits ou services et d'augmenter l'engagement subséquent, les concours de commentaires sont la voie à suivre. Téléchargez simplement une photo et demandez à vos followers de commenter le message pour avoir une chance de gagner le prix. Demandez toujours à vos adeptes de marquer les autres utilisateurs.

Concours de photos : - Demandez aux

utilisateurs d'afficher une photo dans leur compte personnel et d'utiliser un hashtag de leur choix - cela vous aidera à trouver les billets pour choisir un gagnant. Pour assurer l'attrait et le désir, demandez à vos adeptes et à vos fans d'afficher de façon créative des photos d'eux à l'aide de votre produit ou de votre service.

Ce type de concours peut aussi inclure la possibilité de demander à vos fans d'afficher un de vos messages afin d'avoir une chance de gagner.

➤ *Cadeaux et cadeaux*

Le but du concours est d'attirer les bons fans, et la meilleure façon de trouver ces utilisateurs est d'offrir des cadeaux qui sont pertinents pour votre marque et vos fans. Les bons types de cadeaux sont ceux liés à votre marque, pour apporter le bon type d'interaction.

Il suffit de donner les règles dans la section sous-titres ou de fournir un lien vers votre site Web avec une page d'accueil qui fournit toutes les règles pour gagner le tirage. Cela vous permet de garder vos messages courts et doux.

Tout se résume à faire passer le mot sur vos concours et tirages au sort. Les Hashtags sont le meilleur moyen de faire passer le mot et de garder une trace des inscriptions. Examinez les comptes des principales entreprises dans votre créneau et observez le type de hashtags qu'elles utilisent. La bonne combinaison de hashtags augmentera la visibilité de vos concours et cadeaux, apportant plus de traction.

Conclusion : La fonction vidéo d'Instagram

Le contenu vidéo d'Instagram est récemment devenu de plus en plus populaire dans les médias sociaux et est donc extrêmement avantageux pour tous ceux qui souhaitent se commercialiser en utilisant cette fonctionnalité. Ce changement montre que de plus en plus d'entreprises, petites ou grandes, commencent à communiquer visuellement avec leurs adeptes, leurs clients et leurs fans.

La fonction vidéo est l'une des plateformes les plus populaires qui vous permettra d'exploiter la puissance du marketing !

Avec plus de 150 millions d'utilisateurs, Instagram est la meilleure plateforme à partager. Il vous permet de partager non seulement des photos mais aussi de courtes vidéos. Il y a des millions et des millions de vidéos partagées quotidiennement, ce qui est une bonne raison pour laquelle on devrait utiliser cette plateforme. Vous trouverez ci-dessous quelques-uns des principaux avantages de cette fonction :

➢ *Engagement accru*

Contrairement aux entrées vidéo sur Twitter ou Facebook, qui sont parfois négligées par les utilisateurs quelle que soit leur qualité, les vidéos Instagram sont rarement perdues. Selon une étude de Forrester, les vidéos d'Instagram génèrent 58 fois plus d'engagement que Facebook et 120 fois plus que Twitter. Avoir un compte Instagram avec un contenu intéressant et utile peut vous en gagner un avec un niveau d'engagement fou avec le public.

➤ **Bâtir la personnalité et la confiance**

Comme le contenu devient de plus en plus populaire, l'un des principaux avantages de l'utilisation de la fonction vidéo est qu'elle aide à bâtir la confiance. Les gens achètent auprès de personnes en qui ils peuvent avoir confiance, et la fonction vidéo de l'Instagram vous aidera à créer ce lien émotionnel avec votre public. Le plus important ici, c'est que cette fonctionnalité vous permet de partager votre expérience quotidienne de manière informelle et informelle, en donnant aux fans, aux fans et aux clients un sens des affaires.

Le partage des activités en coulisse a été identifié comme un bon exemple pour Instagram, surtout s'il s'agit d'un fournisseur de services. Ces vidéos rendent l'entreprise plus fiable et plus attrayante, ce qui a un impact positif sur le marketing de l'entreprise.

➢ *Augmentation du trafic*

Bien que vous ne puissiez pas ajouter de liens vers des vidéos, elles restent une source dominante de trafic. De plus, avec des niveaux d'engagement plus élevés que Twitter et Facebook, l'utilisation de la fonction vidéo peut être extrêmement utile pour la visibilité de votre site.

➢ *Gagner un avantage concurrentiel*

La concurrence sur Instagram est encore beaucoup plus faible que sur Twitter ou Facebook. Selon le sondage American Express, près de 2 % des petites entreprises adoptent actuellement la fonction vidéo Instagram et ont acquis un avantage sur leurs concurrents. Par conséquent, il est clair qu'en utilisant la fonction vidéo, vous êtes susceptible d'atteindre votre public cible plus rapidement et plus facilement.

> ### *Publicité gratuite*

Ouais, c'est vrai. La grande chose au sujet de l'utilisation de la fonction vidéo Instagram est la publicité gratuite. On peut montrer vos services et produits en action générant une grande visibilité. Cette fonction vous donne l'occasion de montrer ce que vous offrez.

Acceptez la fonction vidéo et vous serez récompensé !

Maintenant oui, je vous souhaite le meilleur dans vos résultats, et rappelez-vous que tout est pratique ; la théorie sans l'action ne vous est d'aucune utilité.

Un gros câlin, ton ami, Gaston !

D'ailleurs, lorsque vous obtiendrez vos résultats petit à petit, je vous recommande vivement, si vous voulez en savoir plus sur les méthodes pour gagner de l'argent, mon livre, sur "GAGNER DE L'ARGENT AVEC VOTRE COMPTE DE PINTEREST", est un livre qui je suis sûr vous aidera beaucoup sur votre chemin vers "liberté financière". Sans plus attendre, vous pouvez le trouver dans le moteur de recherche Amazon, comme : "Gagnez de l'argent avec votre compte pintérest" ou en cherchant mon nom, comme : "Gaston Echevarria".... Encore une fois, je vous souhaite beaucoup de succès dans vos résultats !